Grandes Découvertes | numéro 9

HENRY HUDSON,
UN NAVIGATEUR MAUDIT

L'exploration de la côte Est des Amériques

par Pierre Mettra

50MINUTES

Avec la collaboration de Pierre Frankignoulle

HENRY HUDSON

- **Naissance ?** Vers 1560 à Londres
- **Mort ?** En juin 1611 dans la baie d'Hudson
- **Buts de l'expédition ?** Recherche d'un passage septentrional entre l'océan Atlantique et l'océan Pacifique
- **Régions du monde explorées ?**
  - Le cercle polaire Arctique
  - La Nouvelle-Zemble
  - Les côtes Nord-Est du Canada et des États-Unis
- **Découvertes notoires ?**
  - Le détroit d'Hudson
  - La baie d'Hudson
  - La baie du Delaware
  - Le fleuve Hudson

Henry Hudson est, aujourd'hui encore, connu pour ses voyages en Amérique du Nord. Preuve en est la baie située au nord-est du Canada et le détroit reliant cette dernière à l'océan Atlantique auxquels il a donné son nom. C'est également à lui que le fleuve Hudson, qui s'écoule aux États-Unis sur plus de 500 kilomètres et qui se jette dans l'océan au niveau de la ville de New York, doit son nom. Pourtant, Henry Hudson n'avait pas pour seule ambition l'exploration de la côte Est des Amériques. Ses aspirations le poussaient plus loin et il désirait ardemment trouver une route maritime reliant l'Atlantique et le Pacifique, au nord.

De 1607 à 1611, alors au service de compagnies londoniennes ou de la puissante Compagnie néerlandaise des Indes orientales, il cherche à tracer un nouveau passage vers l'Orient et ses promesses commerciales, mû par un esprit manifestement aventureux. Mais dans cette quête acharnée, Henry Hudson voit ses tentatives se solder par un échec, à l'instar de ses prédécesseurs. C'est au cours d'une dernière expédition au service de l'élite commerciale londonienne, alors qu'il croyait avoir découvert le chemin tant recherché dans la baie qui porte aujourd'hui son nom, qu'il perd la vie, abandonné dans une chaloupe par son équipage mutiné, en compagnie de son fils, John, et de sept marins qui lui sont restés fidèles. Henry Hudson n'a donc jamais découvert les routes maritimes qu'il désirait être le premier à emprunter, mais il a exploré des rivages inconnus des Européens, avant de connaître une fin tragique.

UNE PASSION POUR LES RÉCITS DE VOYAGE

Des jeunes années d'Henry Hudson, on en sait peu. On estime qu'il est né aux environs de l'année 1560, à Londres, de parents dont on ignore tout. Les sources attestent, en revanche, qu'il était lettré et avait une passion pour les livres, en particulier pour les récits de voyage. De son mariage avec une certaine Katherine naissent trois enfants : Oliver, John et Richard. La famille vit dans un quartier proche de la tour de Londres, et jouit d'une situation sociale relativement confortable.

Henry Hudson embrasse très tôt une carrière dans la marine privée. Il est fort possible que la description des eaux tumultueuses du Canada laissée par l'explorateur anglais John Davis (vers 1550-1605) ait été à l'origine de ses ambitions. Quoi qu'il en soit, la recherche d'un passage septentrional vers les Indes devient pour le jeune capitaine un objectif majeur.

LE TEMPS DES AVENTURES

L'occasion de poursuivre son projet lui est bientôt donnée. En ce début de XVIIe siècle, des ports d'Inde et d'Asie du Sud-Est partent des vaisseaux chargés de produits exotiques vendus à prix d'or dans toutes les villes européennes. En quête de nouvelles voies menant en Extrême-Orient, beaucoup pensent qu'il est possible de trouver un passage par les eaux situées au nord de la Russie, dit « passage du Nord-Est », ou par les eaux situées au nord du Canada.

La compagnie de Moscovie (*Muscovy Company*), une grande entreprise commerciale maritime installée à Londres, planifie au début de l'année 1607 un voyage d'exploration visant à tracer l'itinéraire du passage du Nord-Est. L'expédition est confiée à Henry Hudson, qui lève l'ancre au début du mois de mai 1607. Mais il ne parvient pas à dévoiler la nouvelle route tant convoitée, et rentre à Londres en septembre. Décidée à poursuivre les recherches, la compagnie consent à financer un autre voyage l'année suivante.

En avril 1608, Hudson prend donc la tête d'une nouvelle expédition, qui ne dépasse pas les glaces de la Nouvelle-Zemble (archipel de l'océan Arctique), dans la mer de Barents, et qui s'avère donc être un échec cuisant. Dès lors, la *Muscovy Company*, peu satisfaite de cette déconvenue, met fin à ses projets de financement d'explorations maritimes. Henry Hudson se tourne alors vers la Compagnie néerlandaise des Indes orientales qui finance, de mai à novembre 1609, un voyage visant, cette fois, à découvrir le passage du Nord-Ouest. S'il ne parvient toujours pas à trouver de voie septentrionale vers les Indes, Hudson n'en est pas moins actif : il remonte le cours du fleuve qui porte aujourd'hui son nom et longe les côtes à l'emplacement de l'actuel New York, avant de rentrer à nouveau au pays.

Il repart en mai 1610 sur un navire armé par la compagnie anglaise des Indes orientales. Lorsqu'il dépasse le détroit houleux qui donne dans la baie et qui porte aujourd'hui son nom, Hudson est persuadé qu'il a enfin découvert la route si ardemment recherchée. Cependant, en juin 1611, après un hivernage forcé aux abords de la baie, son équipage se mutine. Henry Hudson paie son opiniâtreté et son esprit d'aventure au prix fort, abandonné à une mort certaine dans une chaloupe, sur les eaux glacées de la baie.

CONTEXTE POLITIQUE, SOCIAL ET ÉCONOMIQUE

LE RECUL DES FRONTIÈRES DU MONDE CONNU

Le XVIe siècle marque le temps fort d'une période que les historiens appellent « les grandes découvertes ». Les monarchies européennes et de riches compagnies commerciales financent de grandes expéditions dans le but d'explorer le monde et d'ouvrir des voies maritimes de négoce. Les classes les plus élevées de l'Europe moderne sont en effet en demande croissante de biens exotiques de luxe : épices, bois précieux, meubles et étoffes se vendent à prix d'or dans les grandes villes occidentales. Les frontières du monde connu s'élargissent considérablement, et le savoir européen sur les terres étrangères s'enrichit lui aussi.

Les cartographes européens connaissent en effet un regain d'activité jusqu'alors inégalé, et les comptes rendus de voyages se multiplient. Cette nouvelle dynamique de publication des connaissances est rendue possible par l'utilisation de l'imprimerie à caractères mobiles, mise au point en 1454 par Gutenberg (imprimeur allemand, 1397-1468). Le cartographe Martin Waldseemüller (1470-entre 1518 et 1521) et le géographe Mathias Ringmann (1482-1511), sujets du duché de Lorraine (qui appartient au Saint Empire germanique), dressent en 1507 les premières cartes des côtes américaines explorées par Christophe Colomb (navigateur génois, 1450-1506) et Amerigo Vespucci (navigateur italien, 1454-1512). Dans chaque pays, des chroniqueurs relatent les expéditions notables effectuées par leurs homologues explorateurs. En Angleterre, c'est Richard Hakluyt (1552-1616) qui se fait le héraut des expéditions britanniques outre-mer. Il publie en 1589 son ouvrage *The Principal Navigations, Voyages,*

Traffiques & Discoveries of the English Nation, véritable best-seller de l'époque et lecture indispensable à tout capitaine qui entreprend un voyage d'exploration.

Les techniques navales connaissent également des progrès notables. La construction des coques de navires est révisée, permettant d'y incorporer des ouvertures sans en fragiliser la structure. Au début du XVe siècle, les arsenaux portugais mettent au point la caravelle, un navire à hauts bords doté de voiles très mobiles. Bien qu'il soit de faible calaison, ce navire est parfaitement adapté aux voyages d'exploration au long cours.

L'ORIENT ET SES MERVEILLES

Pour tous les armateurs et les explorateurs des XVIe et XVIIe siècles, l'enjeu majeur est la mise en place d'une route commerciale viable entre les ports européens et les pays de l'océan Indien oriental, producteurs de nombreuses denrées de luxe à forte valeur ajoutée. Les côtes de l'Inde fournissent du poivre et du bois précieux, et leurs étoffes sont très convoitées ; les îles de la Sonde (en actuelle Indonésie) sont idéales pour la culture de caféiers, de cacaotiers et de la canne à sucre, alors que les Moluques sont le seul lieu de production du clou de girofle et de la muscade ; les grands ports chinois offrent quant à eux des articles manufacturés de grande qualité très prisés en Europe, où ces marchandises, que l'on qualifie de « chinoiseries », peuvent atteindre des prix faramineux.

Les navigateurs de l'époque moderne n'ont de cesse de chercher le passage le plus idoine à un trafic intense entre les Indes et l'Europe. La monarchie portugaise est le premier État à développer une politique active d'extension maritime dans ce but. Le roi Henri le Navigateur (1394-1460) finance le premier des voyages d'exploration le long de la côte ouest de l'Afrique. En 1488, le capitaine portugais Bartolomeu Dias (vers 1450-1500), financé par le roi Jean II (1455-1495), est le premier Européen à dépasser le cap de Bonne-Espérance, à l'extrême-sud du continent africain. Cependant, c'est un autre explorateur portugais, Vasco de Gama (1469-1524), qui effectue pour la première fois le trajet maritime séparant le Portugal de l'Inde. En mai 1498, il accoste à une vingtaine de kilomètres de la cité-État de Calicut au sud-ouest de l'Inde. La couronne portugaise ne tarde pas à y installer des comptoirs de commerce en 1502, et fait de même à Goa en 1510. Des caravelles chargées de biens précieux pénètrent bientôt dans le port de Lisbonne, attisant la convoitise de tous les pays européens.

L'Espagne tient particulièrement à tirer profit elle aussi du commerce maritime avec les pays d'Extrême-Orient. En 1518, le monarque espagnol Charles Ier (1500-1558) place Fernand de Magellan (1480-1521) à la tête d'une expédition dont le but est d'inaugurer une voie commerciale espagnole vers les Moluques. Magellan, qui dirige cinq navires, contourne le continent américain par le sud, et atteint la côte Est de l'archipel philippin en mars 1521. Il y meurt la même année, mais une partie de son équipage poursuit le voyage et achève, en 1522, la première circumnavigation de l'histoire.

Si le Portugal et l'Espagne disposent d'une hégémonie qu'aucune flotte ne menace vraiment au XVe siècle, la situation est tout autre un siècle plus tard. En effet, les trésors déchargés dans les ports ibériques durant cette période prospère ont suscité de nombreuses convoitises, et bientôt les puissances européennes se lancent dans une course effrénée à l'Orient, augurant une période de très forte concurrence.

UNE CONCURRENCE FAROUCHE

Dès la découverte des terres américaines, les royautés portugaise et espagnole entrent en compétition quant à l'octroi de ces territoires considérés comme inoccupés. La situation ne tardant pas à devenir électrique, les deux monarchies en appellent au pape pour arbitrer leur différend. La question des îles aux épices d'Asie du Sud-Est est alors un point sensible. La bulle *Inter Cætera* émise en 1493 par le pape Alexandre VI (1431-1503) décrète l'instauration d'une ligne de partage à cent lieues des îles du Cap-Vert : les terres inconnues s'étendant à l'ouest de cette ligne reviennent aux Espagnols, celles situées à l'est de la même démarcation tombent sous domination portugaise. Ces dispositions sont ratifiées en 1494 par le traité de Tordesillas, signé par les deux puissances coloniales en devenir.

La France, les jeunes Provinces-Unies indépendantes et l'Angleterre ne voient pas d'un œil favorable le traité qui les exclut *de facto* de ce partage du monde. Ils ne peuvent en effet profiter des richesses importées par les navires ibériques qu'en finançant une guerre de course, c'est-à-dire en soutenant des actes de piraterie menés par des corsaires assermentés, tel Francis Drake (1540-1596), le commandant de la *Royal Navy* anglaise qui pille les navires espagnols dans les Caraïbes. Cependant, dès le début du XVIe siècle, des navigateurs anglais, français et néerlandais cherchent à découvrir un passage sûr vers les eaux indiennes et leurs marchandises si précieuses. Les routes y menant par le sud de l'Atlantique présentent l'inconvénient d'être sous contrôle espagnol et portugais, et ces derniers n'ont pas l'intention de laisser passer librement des vaisseaux susceptibles de menacer leur monopole. La conviction de la rotondité de la terre étant désormais bien implantée, et la cartographie des terres les plus septentrionales étant encore peu étoffée, apparaît l'idée qu'il existerait des voies navigables reliant l'Atlantique au Pacifique au nord-est, juste au-dessus de la Russie, et au nord-ouest, au-dessus du Canada. Le seul moyen de valider ces théories consiste à envoyer des explorateurs sillonner l'Atlantique Nord.

C'est pourquoi l'Angleterre finance en 1497 la première expédition visant à trouver le passage du Nord-Ouest, menée par l'Italien Jean Cabot (vers 1450-1500). Si celui-ci parvient à accoster à Terre-Neuve, il ne trouve aucun indice quant à la voie recherchée. À partir de 1534, c'est au tour de la France de lancer une entreprise du même type : Jacques Cartier (1491-1557) explore aux frais du roi François Ier (1494-1547) le golfe du Saint-Laurent et baptise ces terres, qu'il proclame propriété de la royauté française, « Canada ». Cependant, ce qu'il croit d'abord être le passage du Nord-Ouest se révèle être le fleuve Saint-Laurent. Devant ces échecs coûteux, on se tourne alors vers la recherche du passage du Nord-Est. En 1553, le navigateur anglais Richard Chancellor (1521-1556) est chargé par la compagnie marchande *Merchant Adventurers to New Lands* d'explorer les eaux glacées situées au-delà de la mer de Norvège. Si Chancellor ne dépasse pas la Nouvelle-Zemble, il parvient tant bien que mal à rejoindre Moscou, où la compagnie implante des bases commerciales qui lui donnent un nouveau nom : la compagnie de Moscovie. Les Provinces-Unies, observant avec inquiétude ces tentatives françaises et anglaises, décident de lancer à partir de 1594 une série de voyages d'exploration menés par Willem Barents (1550-1597). Si les deux premières tentatives de Barents pour découvrir le passage échouent, la troisième lui coûte la vie.

LA FIN DE L'HÉGÉMONIE IBÉRIQUE

À la fin du XVIᵉ siècle, le royaume d'Espagne – qui comprend désormais le Portugal depuis 1580 – sort affaibli d'une série de conflits houleux contre l'Angleterre et les Provinces-Unies, et connaît un déclin significatif de sa puissance. Les États européens, qui n'attendaient que cela, en profitent pour faire circuler des navires marchands entre l'Europe et les Indes par la route commerciale qui passe au large du cap Horn (promontoire du Chili). Bientôt, la compétition sauvage qui les oppose se matérialise dans la fondation de compagnies spécialisées dans le commerce des produits de l'Orient. Parmi celles-ci, certaines obtiennent de la part du gouvernement un monopole, et deviennent des institutions très influentes. C'est le cas des deux compagnies les plus puissantes de l'Europe moderne : la Compagnie britannique des Indes orientales (*East India Company*) fondée en 1600 et la Compagnie néerlandaise des Indes orientales, connue sous l'acronyme VOC (de son nom néerlandais *Vereenigde Oost-Indische Compagnie*), fondée en 1602. Ces entreprises commerciales génèrent des profits considérables, et jouissent de droits et de pouvoirs très importants. Dans les comptoirs mis en place par la VOC, elle administre elle-même la justice et la défense militaire. Véritable État dans l'État, elle va jusqu'à frapper sa propre monnaie dans certains lieux, et dispose de forces armées conséquentes sur terre comme sur mer. Cependant, ces compagnies, si puissantes soient-elles, règlent leur politique sur celle de leur pays d'origine, et à la concurrence commerciale se superpose la concurrence nationale. Celle-ci se manifeste clairement dans la recherche de passages septentrionaux vers l'océan Indien, dont on n'abandonne pas l'idée.

Lorsqu'Henry Hudson est engagé pour la première fois par la compagnie de Moscovie, en 1607, il s'apprête donc à entreprendre un voyage que des capitaines expérimentés ont déjà effectué avant lui, sans succès. De plus, dans ce contexte de concurrence farouche, on comprendra aisément les enjeux de la découverte d'une voie navigable au nord de l'Atlantique. Assurément, l'homme qui la trouverait en obtiendra gloire et fortune.

LES EXPÉDITIONS

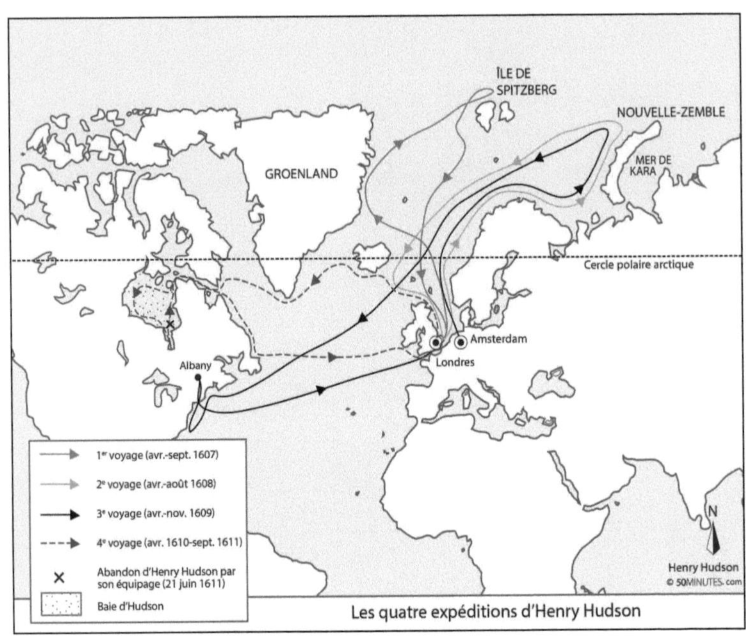

Les quatre expéditions d'Henry Hudson

PREMIÈRE EXPÉDITION :
AU-DELÀ DU CERCLE POLAIRE ARCTIQUE

En 1600, la compagnie de Moscovie de Londres envisage d'étendre son aire d'intervention. Elle est alors en relations commerciales étroites avec la Russie, d'où elle importe principalement des fourrures et du bois, et vers laquelle elle exporte surtout des étoffes anglaises, alors très réputées. La concurrence néerlandaise dans les eaux septentrionales de l'Europe inquiète la compagnie anglaise, d'autant plus que ses espions lui rapportent, en ce début du XVIIe siècle, que les marchands amstellodamois envisagent de se mettre à la recherche du passage du Nord-Est. Cela suffit à décider la compagnie de Moscovie à les devancer en organisant elle-même cette expédition. En janvier 1607, ses directeurs et contributeurs principaux se réunissent donc en ses quartiers généraux, afin de mettre au point un projet de voyage.

Pour les marchands de l'époque, la question du budget demeure au centre des préoccupations. La compagnie s'adresse ainsi au roi Jacques Ier (1566-1625) afin de solliciter un support financier. Le monarque accorde sa bénédiction aux projets de la compagnie, mais ne lui alloue pas un penny. Il s'agit alors pour ces commerçants conscients des réalités financières de trouver un homme expérimenté et qui n'exige pas de gages faramineux. Le choix préliminaire se porte sur Henry Hudson, qui jouit d'une réputation de capitaine qualifié et aventureux, et qui est en outre appuyé auprès de la compagnie par un cartographe de renom, son ami Richard Hakluyt. Tour à tour secrétaire d'État pour la reine Élisabeth Ire (1533-1603), chef de file du mouvement de colonisation de la Virginie et prêtre ordonné de Bristol, Hakluyt demeure surtout célèbre pour son travail littéraire de description des voyages d'exploration de son temps. De ce fait, il est en contact avec des dizaines de capitaines anglais, et se trouve régulièrement consulté par les compagnies britanniques. Ainsi, lorsqu'il recommande Henry Hudson aux représentants de la compagnie Moscovie, ceux-ci s'empressent d'organiser une entrevue. À l'issue de celle-ci, Hudson est officiellement engagé pour effectuer un voyage d'exploration dont le but est de découvrir un passage du Nord-Est menant aux eaux chinoises. Il accepte pour ses services la somme relativement modeste de 130 livres, ce qui convient tout à fait au budget de ses employeurs.

Il est fort probable qu'à ce moment précis, Henry Hudson est persuadé de l'existence d'un passage au Nord-Ouest. Quoi qu'il en soit, il prépare activement son voyage, et passe plusieurs semaines chez son ami Hakluyt pour étudier les cartes patiemment amassées par ce dernier. Il lit également une lettre d'un auteur de relations de voyages épris de géographie, le révérend Samuel Purchas (1575-1626), qui estime possible une traversée printanière des eaux glacées s'étendant au nord de la Russie.

Le navire que commande Hudson, baptisé *Hopewell*, est fourni par la compagnie. Il s'agit d'un bateau de taille moyenne, d'environ 80 tonnes, muni de deux mats, ayant déjà effectué quelques voyages en mer Baltique et dans les eaux atlantiques. Son équipage se compose de dix marins expérimentés et d'un mousse qui n'est autre que John Hudson (né vers 1597/1598-1611), le fils du capitaine. Une fois chargées les provisions de viande, de légumes séchés et de saumure, le *Hopewell* est prêt à appareiller. Le 19 avril 1607, après une messe spécialement célébrée dans une église londonienne du quartier de Bishop Gate, le navire dirigé par Hudson lève l'ancre.

Pendant le voyage, des tensions voient le jour, dûment consignées dans le journal de bord du capitaine. Si l'on ignore la cause du problème, on découvre cependant dans cet ouvrage qu'il y a eu une vague de rétrogradations et de promotions, ce qui a modifié l'équilibre hiérarchique à bord. Ce premier voyage révèle déjà les difficultés de Henry Hudson quant à la gestion d'un équipage. Tout capitaine expérimenté qu'il est, il ne semble pas avoir le même talent dans la maîtrise d'une équipe de marins.

À la fin du mois de mai, le *Hopewell* franchit le cercle polaire Arctique. Le climat met tout l'équipage à rude épreuve. Le 13 juin 1607, la côte est du Groenland se profile à l'horizon. Henry Hudson décide de la suivre vers le nord, ce qui lui permet de cartographier des sections inédites de cette île alors encore bien mystérieuse pour les Européens. Une fois de retour à Londres, il pourra ainsi justifier cette trajectoire inspirée par sa soif d'aventure, mais bien éloignée de celle imposée par sa mission. Fin juin, le cap est mis au nord-est, afin de rejoindre l'itinéraire initialement prévu. La navigation devient de plus en plus laborieuse en raison des morceaux de glace flottant sur l'océan, enne-mis redoutables des coques en bois du bateau. À plusieurs reprises, le *Hopewell* est à deux doigts de sombrer, mais le capitaine parvient à éviter le pire.

Vers la mi-juillet, Henry Hudson doit se rendre à l'évidence : il ne trouvera pas le passage Nord-Est, du moins pas cette année. Il est contraint d'annoncer le retour aux membres de son équipage. Pourtant, son expédition n'est pas totalement un échec. En effet, en naviguant près de l'île de Spitzberg (Norvège), il découvre une île inconnue dont les eaux regorgent de baleines et qui sert de refuge à de nombreux morses. Il s'agit là d'une information de première importance pour une compagnie commerciale telle que la Moscovie. En effet, la chasse à la baleine est, à l'époque, une activité prospère qui génère des revenus colossaux, et l'ivoire de morse est une mar-chandise convoitée. Ainsi, lorsque le 15 septembre 1607 le *Hopewell* s'amarre dans les eaux de la Tamise, les employeurs de Hudson s'estiment satisfaits de son périple. Mais lui ne partage pas ce sen-timent de réussite et projette de repartir à la recherche du passage du Nord-Est dès que possible.

DEUXIÈME EXPÉDITION : JUSQU'EN NOUVELLE-ZEMBLE

Henry Hudson médite donc un nouveau voyage. Il s'agira cette fois de définir un parcours moins erratique que celui suivi lors du voyage précédent. Hudson, toujours en contact avec Richard Hakluyt, en vient à envisager un passage situé au niveau des îles de la Nouvelle-Zemble. Cet archipel isolé au nord de la Russie, exploré en 1596 par Willem Barents, demeure en ce début du XVIIe siècle largement inconnu des Européens. Si la Russie a certainement des éléments d'information, elle se garde bien de les partager. Chez Hakluyt, Hudson étudie minutieusement les cartes dressées par Barents, dont aucune ne décrit le liseré de la côte Est de la Nouvelle-Zemble, et acquiert la certitude qu'une fois les îles dépassées s'ouvre une mer paisible et praticable menant aux Indes. Cette fois, c'est Henry Hudson qui s'adresse à la compagnie de Moscovie, en 1607, pour monter une expédition.

Celle-ci accepte de financer un second voyage sans grande hésitation, la première expédition s'étant avérée très rentable. Mais cette fois, fort de son expérience, Henry Hudson formule des revendications quant à l'organisation de l'entreprise. Il exige d'une part que le nombre total des membres de l'équipage soit porté à 14, d'autre part que la coque du *Hopewell* soit renforcée afin de réduire les risques de dommages engendrés par la glace flottant sur les eaux arctiques. Enfin, le navire est doté d'une chaloupe plus grande. Au printemps 1608, le recrutement de l'équipage étant terminé et les vivres chargés à bord du navire, Henry Hudson est prêt à partir. Le 22 avril, le deuxième voyage de l'explorateur commence.

Le voyage jusqu'aux îles de la Nouvelle-Zemble révèle des tensions entre Hudson et son second, Robert Juet. Ce dernier remet régulièrement en question l'autorité de son capitaine, qui n'a visiblement pas les moyens de la rétablir. Une fois encore, l'aventureux Henry Hudson montre ses limites : il n'est pas un dirigeant charismatique, et éprouve de grandes difficultés à maîtriser ses subalternes.

Le 27 juin 1608, le *Hopewell* mouille dans une baie abritée de la Nouvelle-Zemble. Avant d'aller plus loin, Hudson envoie à plusieurs reprises de petites équipes explorer la terre ferme, dans l'espoir de révéler quelque chose qui puisse être digne d'intérêt aux yeux de ses employeurs. En effet, dans le cas où Hudson ne trouverait pas le passage du Nord-Est, il a impérativement besoin de rapporter de son périple des informations utiles, qui permettraient aux marchands de la compagnie de Moscovie de rentabiliser le voyage. Revenir les mains vides d'un périple infructueux équivaudrait pour lui à infliger une perte sèche à ses mécènes et à détériorer sa réputation de capitaine. Mais les recherches sont vaines.

Naviguant prudemment dans les eaux côtières de la Nouvelle-Zemble, le *Hopewell* arrive en vue de ce qui semble être l'embouchure d'une large rivière au début du mois de juillet 1608. Hudson envoie immédiatement une petite équipe de reconnaissance, chargée de vérifier la navigabilité de la voie découverte. L'eau y est salée, ce qui indique qu'il ne s'agit pas d'une rivière, mais bel et bien d'un bras de mer. Tout laisse à penser qu'il s'agit du passage qui, dans l'esprit de Hudson, mène aux Indes. Il s'agit en effet d'une passe étroite donnant dans la mer de Kara, à l'est de la Nouvelle-Zemble, mais Henry Hudson n'a pas le loisir de le vérifier. La chaloupe envoyée en reconnaissance revient de sa mission porteuse de nouvelles qui déçoivent le capitaine du *Hopewell* : à quelques kilomètres de son embouchure, le canal se rétrécit brusquement, et sa profondeur ne permet en aucun cas le passage d'un bateau.

Désappointé, Hudson continue son exploration. Partout, la glace contraint ses manœuvres, et les rares détroits qu'il découvre s'avèrent infranchissables. À la mi-juillet, il déclare forfait, et annonce à l'équipage qu'il est temps de retourner en Angleterre. Ce qui se passe ensuite ne nous est pas précisément connu. Il semblerait que Hudson ait en tête de se diriger vers le Canada, projet auquel il doit renoncer sous la pression de son équipage. Quoi qu'il en soit, lorsque le *Hopewell* termine son voyage le 26 août 1608, l'explorateur a l'intime conviction qu'il n'y a pas de passage du Nord-Est praticable. Pour lui, il convient désormais de chercher du côté de l'Atlantique Ouest.

TROISIÈME EXPÉDITION : LE LONG DES CÔTES NORD-AMÉRICAINES

Pour les marchands de la compagnie de Moscovie, la seconde expédition d'Henry Hudson est un désastre. L'argent investi dans l'opération l'a été sans aucune contrepartie : non seulement l'explorateur n'a pas trouvé le passage qu'il était chargé de rechercher, mais, en outre, il n'apporte aucune compensation de quelque nature que ce soit. Les commerçants de Budge Row mettent alors un terme à leur collaboration.

Toutefois, l'aventure n'est pas terminée pour notre navigateur. Ses tentatives n'ont pas manqué de susciter un vif intérêt auprès de compagnies étrangères. C'est notamment le cas de la très puissante compagnie néerlandaise des Indes orientales, la VOC. Ainsi, à l'automne 1608, le représentant de la compagnie à Londres prend contact avec le navigateur. Il lui explique que la VOC, soutenue par le gouvernement des Provinces-Unies, est prête à lui fournir les moyens nécessaires à une nouvelle expédition afin de trouver le passage du Nord-Est. Hudson se montre peu enthousiaste : il n'estime plus probable qu'un tel passage existe.

Quelques jours plus tard, cependant, Hudson se rend à Amsterdam. Malgré le contexte de concurrence intense qui règne alors, il n'est pas interdit à un capitaine de travailler pour une compagnie étrangère, sauf si elle est au service d'un pays avec lequel une guerre ouverte est engagée. L'Angleterre et les Provinces-Unies étant alors en paix, Henry Hudson est tout à fait libre de se rapprocher de la VOC. Il reste quelques semaines aux Pays-Bas, profitant de l'occasion pour rendre visite au géographe Peter Plancius (1552-1622), chez qui il consulte cartes et récits de voyage. Il rencontre les directeurs de la VOC en octobre ou novembre 1608, mais les tractations ne permettent pas d'obtenir un accord. Les pontes de la compagnie marchande ne semblent effectivement pas accorder toute leur confiance à Hudson, qui rentre en Angleterre quelques jours plus tard.

C'est le contexte international de compétition pour l'accès aux richesses de l'Orient qui relance les pourparlers. Une rumeur se répand à Amsterdam selon laquelle le roi de France Henri IV (1553-1610) envisage de financer une expédition menée par Henry Hudson. Si aucune preuve n'existe quant à la véracité de cette hypothèse, la perspective, aussi incertaine soit-elle, d'être pris de vitesse par une flotte française dont les vaisseaux pourraient franchir rapidement l'espace séparant l'Europe de la mer de Chine n'est pas au goût des directeurs de la VOC, qui s'empressent de recontacter Hudson. Celui-ci se rend à Amsterdam au tout début de l'année 1609, et, le 8 janvier, il signe un contrat avec la VOC. Quels qu'aient été les projets de Hudson, le contrat délimite clairement la mission du capitaine britannique : rechercher un passage du nord-est de l'Atlantique aux eaux baignant les côtes asiatiques. Toute trajectoire n'amenant pas à cet objectif se trouve proscrite par les termes de l'arrangement. Les directeurs de la VOC ne sont en effet pas dupes, ayant eu vent de la tendance du capitaine à s'éloigner systématiquement du chemin prévu. Les services d'Hudson sont rémunérés à hauteur de 300 florins néerlandais, une rétribution somme toute modeste au regard de la tâche éprouvante qui l'attend, mais qui promet d'être doublée, voire triplée en cas de succès.

La VOC fournit à Hudson un trois-mâts de petite taille, le *Halve Maen* (« demi-lune » en néerlandais). Il s'agit d'un *vlieboot*, un navire néerlandais adapté aux longues traversées, mais dont le tirant d'eau est suffisamment faible pour permettre une navigation en estuaire ou en fleuve. L'équipage manœuvrant le bateau se compose de marins néerlandais et anglais. Paradoxalement, Hudson désigne Robert Juet, avec qui il a déjà eu maille à partir au cours de l'expédition précédente, comme second. Le fils de l'explorateur, John Hudson, se joint de nouveau à son père.

Le *Halve Maen* quitte le port d'Amsterdam le 6 avril 1609, et effectue un premier voyage d'un mois et demi vers les eaux glacées qui baignent l'archipel de la Nouvelle-Zemble. Henry Hudson n'investit que peu de temps à l'exploration de cette zone, semble-t-il, puisqu'à la fin du mois de mai le navire opère un changement de trajectoire radical. S'étant rendu en Nouvelle-Zemble, Hudson est certain d'avoir respecté les clauses du contrat. Il fait alors route vers la zone par laquelle il lui paraît le plus judicieux de passer, l'Amérique du Nord. Hudson veut en effet trouver le passage du Nord-Ouest.

Lorsqu'à la fin du mois de juin le *Halve Maen* approche des côtes américaines, deux possibilités s'offrent à son capitaine. Il peut mettre le cap au nord du Labrador actuel, et investiguer la zone que l'on connaît alors sous le nom de *Furious Overfall* (littéralement « le déversoir furieux ») et que l'on soupçonne d'être un détroit connectant l'Atlantique et le Pacifique ; ou s'orienter un peu plus au sud, et explorer les terres s'étendant en dessous de la Terre-Neuve actuelle, où l'embouchure d'une grande voie d'eau a été repérée au cours d'expéditions précédentes. C'est cette deuxième option que choisit Hudson.

Les mois de juillet et d'août de l'année 1609 sont consacrés à l'exploration des côtes américaines s'étendant de l'État actuel du Maine à la baie de Chesapeake, en Virginie. L'équipage du *Halve Maen* a des contacts réguliers avec les Indiens qui habitent les littoraux atlantiques : commerce, échanges, mais aussi violences et mésententes. Entre Hudson et Juet, les tensions s'accroissent, et le second remet à nouveau en question l'autorité de son capitaine, ce dernier ne parvenant pas à affirmer sa prééminence.

Le 2 septembre, Hudson trouve enfin ce qu'il cherche : une large embouchure dont le débit lui donne de grands espoirs. Le *Halve Maen* mouille à l'entrée de l'estuaire, dans les eaux côtières de ce qui est aujourd'hui la ville de New York. Si cette embouchure est alors connue, aucun Européen n'a encore remonté le courant impétueux qui s'y déverse : c'est ce à quoi s'emploie Hudson. Cependant, le 19 septembre 1609, il doit essuyer un nouvel échec. Arrivé à l'emplacement de l'actuelle ville d'Albany, il réalise qu'au-delà de ce point les eaux ne sont plus navigables pour un navire de la taille de celui qu'il possède. Sur les rives s'élève ce qui reste d'un fort érigé plusieurs années auparavant par les Français. Henry Hudson revendique alors les lieux désaffectés au nom de la VOC, c'est-à-dire, en l'occurrence, en celui de la république des Provinces-Unies. Pour ses employeurs, le voyage n'est donc pas un échec, puisqu'il pose les bases d'une colonisation florissante. Or, pour l'explorateur, il s'agit d'une troisième expédition ratée. Il prend la route du retour au début du mois d'octobre, mais ne rentre pas directement à Amsterdam. Il choisit de faire escale dans le port anglais de Dartmouth, sans savoir qu'il est attendu par le gouvernement royal.

DISGRÂCE ET RÉHABILITATION

Qu'Hudson soit employé par une compagnie néerlandaise pour la recherche du passage du Nord-Est n'est a priori pas à même d'inquiéter la politique royale anglaise. Il est en effet courant que des capitaines au long cours soient employés par des entreprises étrangères, et les deux États entretiennent des relations diplomatiques stables. En outre, une série de tentatives infructueuses rendent les marchands londoniens sceptiques quant à l'existence d'une voie maritime praticable menant à l'Asie depuis l'est de l'Atlantique Nord. Il en va autrement du passage du Nord-Ouest, vers lequel ils sont résolument tournés. Enfin, la concurrence dans la fondation de comptoirs en Amérique est rude, et l'établissement d'une colonie néerlandaise avantageusement située en territoire algonquin a de quoi irriter fortement le monarque anglais, d'autant que cela est rendu possible par le talent d'un capitaine britannique. Il ne s'agit plus seulement d'une opération commerciale : cela génère un contentieux politique.

Ainsi, lorsqu'Hudson foule à nouveau le sol anglais à l'hiver 1609, des soldats de la couronne l'attendent. Un décret en conseil émis par le Conseil privé du royaume d'Angleterre assigne le navigateur à résidence jusqu'à ce qu'une décision le concernant soit prise. La situation du capitaine est alors délicate : il est accusé de trahison, inculpation qui peut le mener à l'échafaud. Les contestations émises par la VOC durant le mois de janvier 1610 n'affectent pas la décision royale. Jacques Ier demeure inflexible.

Une échappatoire inespérée se présente alors à Hudson. Deux grands marchands londoniens, sir Dudley Digges (1583-1639), politicien influent, et sir John Wolstenholme (1580-vers 1650), collecteur des douanes du port de Londres, envisagent de mettre l'expérience et le talent de l'explorateur au service des intérêts commerciaux anglais. Leur projet est appuyé par le prince de Galles Frédéric-Henri Stuart (1594-1612), fils aîné de Jacques Ier, qui intercède en faveur du navigateur auprès de son père.

Henry Hudson est donc libéré de son assignation à résidence peu avant le printemps 1610, à la condition qu'il s'engage à mener une expédition de découverte financée par des marchands londoniens associés, principalement des actionnaires de la compagnie de

Moscovie et de la compagnie britannique des Indes orientales, ainsi que des investisseurs isolés tels que sir Digges et sir Wolstenholme. Le prince de Galles fournit une contribution symbolique, plaçant l'entreprise sous la bénédiction royale. Nul doute que pour l'aventureux Henry Hudson, à qui n'est accordée aucune rétribution immédiate, le compromis s'avère tout à fait favorable.

L'ULTIME TENTATIVE

Du navire fourni par les investisseurs, le *Discovery*, nous ne savons quasiment rien, si ce n'est qu'il est conçu pour les navigations arctiques. C'est à son bord que le capitaine George Weymouth (1585-1612) navigue sur le *Furious Overfall* en 1602. C'est précisément au même endroit qu'Hudson projette de se rendre. Il a cependant l'intention de le dépasser, ce qu'aucun marin occidental n'a fait jusqu'alors. Si l'esprit aventureux de l'explorateur n'est plus à démontrer, il demeure un piètre juge en ce qui concerne la gestion d'un équipage. Il choisit pour l'assister dans son voyage périlleux Robert Juet. La raison pour laquelle Hudson décide de prendre une troisième fois pour second un homme qui s'évertue à saper son autorité ne nous est pas connue. John Hudson accompagne de nouveau son père. Le nombre des membres de l'équipage s'élève en tout et pour tout à 19.

Le 17 avril 1610, le *Discovery* lève l'ancre et entame son voyage vers le Canada. La traversée est marquée par une tension grandissante entre Henry Hudson et Robert Juet. Peu à peu, les différends opposant les deux hommes ont des répercussions au sein du personnel. Lorsqu'en juin 1610 les eaux tourbillonnantes du *Furious Overfall* sont en vue, c'est un équipage maussade qui s'apprête à les affronter.

Le 21 juin, le navire pénètre non sans mal dans la baie qui s'étend au-delà du *Furious Overfall*. Cependant, la situation n'est pas favorable. Le navire est cerclé de glace, et la question se pose quant au meilleur parti à prendre. Certains marins, dont Robert Juet, désirent faire machine arrière, et retourner en Angleterre. C'est sans compter l'opiniâtreté du capitaine. Par conséquent, durant tout le mois de juillet, le *Discovery* lutte contre les blocs de glace afin de se frayer un chemin vers l'ouest.

Le 3 août 1610, Hudson et son équipage mènent leur navire dans une vaste étendue d'eau s'étendant à perte de vue. Henry Hudson ne sait pas qu'il a découvert la deuxième plus grande baie du monde, persuadé qu'il se trouve sur les flots par lesquels communiquent l'océan Atlantique et l'océan Pacifique. Cependant, les jours suivants portent un coup fatal à ses espérances : à l'ouest comme au sud, des terres s'étendent, arrêtant l'horizon. Il navigue sans répit dans la baie James, au sud, cherchant une voie d'accès. L'équipage reste perplexe face au désarroi de son capitaine. Robert Juet, en particulier, est intenable. Le 10 septembre, Henry Hudson le dégrade, le reléguant au rang de simple marin.

Les glaces qui se forment en début du mois de novembre au nord de la baie James rendent tout espoir de retour caduc. L'équipage du *Discovery* est contraint à un long hivernage qui s'avère éprouvant. Les conditions climatiques sont extrêmes, et un marin en meurt. Les réserves de nourriture s'amenuisent, d'autant plus que la pêche s'avère peu fructueuse ; quant au commerce avec des Indiens de passage, il demeure très occasionnel. Les tensions s'exacerbent, et le mécontentement général va grandissant. Lorsqu'en juin 1611 les eaux de la baie sont à nouveau navigables, les hommes d'Hudson, à bout de forces, aspirent à rentrer en Angleterre. Le capitaine, lui, compte poursuivre ses recherches.

L'occasion ne lui en est pas laissée. Dans la nuit du 21 juin 1611, la majorité de l'équipage se mutine. Henry Hudson est empoigné et jeté sans ménagement dans la chaloupe du navire. Il y est rejoint par son fils John et sept des marins lui étant restés fidèles, qui subissent le même sort. L'esquif est jeté à l'eau, et ses occupants abandonnés à leur sort. On ignore ce que sont devenus les infortunés ; cependant, pour neuf hommes isolés sur les eaux glaciales du Nord canadien sans nourriture ni eau, la mort est une perspective à peu près certaine.

DES PASSAGES LONGTEMPS INFRANCHISSABLES

Ce n'est qu'en 1906 que le passage du Nord-Ouest est enfin franchi. C'est l'explorateur norvégien Roald Amundsen (1872-1928) qui, le premier, en parcourt les 1 500 kilomètres, suivant un tracé repéré par voie de terre en 1822. Quant au passage du Nord-Est, il est traversé pour la première fois par le Suédois Adolf Erik Nordenskjöld (1832-1901) en 1879.

RÉPERCUSSIONS

UNE GLOIRE POSTHUME

Sur les dix membres de l'équipage restant, sept réussissent à rentrer en Angleterre. À l'issue du procès qui leur est intenté pour mutinerie, aucun n'est condamné. La cour juge qu'ils ont agi pour leur survie, et qu'une autre conduite aurait signifié la disparition du *Discovery* et une mort certaine pour tous les marins.

En dépit de son apport à la connaissance du monde de l'Europe moderne, Henry Hudson ne jouira pas de la reconnaissance de ses contemporains et ne réalisera jamais ses projets. La technologie maritime de son époque ne permettait en effet pas de naviguer sur les eaux dangereuses reliant l'Atlantique au Pacifique par le nord.

Cependant, Hudson lègue son nom à la postérité. Le fleuve qu'il remonte pour le compte de la VOC porte aujourd'hui son nom, tout comme le détroit agité qu'il est le premier Européen à le franchir, et la baie où il trouve une mort tragique. Si ses quatre expéditions se soldent par des échecs, elles demeurent toutefois des moments marquants de l'histoire européenne.

Vers 1560	Naissance d'Henry Hudson
1607	Premier voyage vers le nord-est de l'Atlantique
1608	Deuxième voyage
1609	Troisième voyage
17 avril 1610	Départ du dernier voyage vers le Canada
3 août 1610	Découverte de la baie d'Hudson
21 juin 1611	L'équipage du *Discovery* se mutine
Juin 1611	Mort d'Henry Hudson
1879	Franchissement du passage du Nord-Est
1906	Première traversée du passage du Nord-Ouest

Henry Hudson © 50MINUTES.com

- Henry Hudson dédie sa carrière à la recherche d'un passage court vers les eaux du Pacifique depuis l'océan Atlantique par le nord. Ses tentatives sont favorisées par le contexte historique, marqué par une concurrence farouche entre les puissances européennes dans la course aux marchandises précieuses d'Asie.

- Le premier voyage de l'explorateur, en 1607, le porte vers le nord-est de l'Atlantique. S'il ne trouve pas la voie navigable qu'il désire mettre au jour, son expédition n'en est pas moins fructueuse : il repère des côtes propices à la chasse à la baleine, activité alors très rentable.

- Son deuxième voyage, un an plus tard, ne permet pas plus de découvrir le passage du Nord-Est. Mais cette fois, son entreprise est un véritable fiasco, et Henry Hudson conçoit l'idée qu'un tel passage n'existe pas.

- Lorsqu'en 1609 il accomplit son troisième voyage, pour le compte de la puissante compagnie néerlandaise des Indes orientales, son contrat stipule qu'il doit de nouveau tenter une traversée au nord-est. Pourtant, l'explorateur met rapidement le cap vers l'Amérique afin de trouver un éventuel passage du Nord-Ouest. Il remonte, à bord du navire *Halve Maen*, le fleuve qui porte aujourd'hui son nom.

- Il entame son quatrième et dernier voyage en 1610, au service de commerçants londoniens associés. À bord du *Discovery*, Henry Hudson et son équipage se dirigent vers le Canada. Après avoir traversé l'actuel détroit d'Hudson, le capitaine est persuadé que s'ouvre devant lui une voie directe vers les eaux baignant l'Asie. Malgré le froid et le découragement de ses hommes, Henry Hudson refuse de faire machine arrière.

- Dans la nuit du 21 juin 1610, l'équipage excédé du *Discovery* se mutine, débarquant de force Henry Hudson, son fils et une poignée de marins sur une chaloupe. Les infortunés sont abandonnés sans vivres ni rames sur les eaux glacées de la baie d'Hudson, promis à une mort certaine.

- Si Henry Hudson n'est pas un bon meneur d'hommes, son opiniâtreté et son audace n'en auront pas moins fait un explorateur hors pair, obnubilé par la découverte de passages infranchissables à son époque, puisque ce n'est qu'en 1879 que le passage du Nord-Est est enfin franchi. Quant au passage du Nord-Ouest, il est traversé pour la première fois en 1906.

POUR ALLER PLUS LOIN

SOURCES BIBLIOGRAPHIQUES

- BUTTS (Edward), *Henry Hudson. New World Voyageur*, Toronto, Dundum, 2009.
- CANTWELL (Ann-Marie), *Unearthing Gotham: the Archaeology of New York City*, Londres, Yale University Press, 2001.
- CHAUNU (Pierre), *Conquête et exploitation des nouveaux mondes*, Paris, PUF, 1969.
- JANVIER (Thomas Allibone), *Henry Hudson. A Brief Statement of his Aims and Achievement*, Qontro Classic Books, 2010.
- PARIAS (Louis-Henri), *Histoire universelle des explorations*, Paris, Nouvelle Librairie de France, 1962.
- *Grand Atlas des explorations*, Paris, Encyclopædia Universalis, 1991.

SOURCES COMPLÉMENTAIRES

- CHAMPION (Jean-Marcel), « Hudson Henry (1550 env.-1611) », in *Encyclopædia Universalis*.
  https://universalis.aria.ehess.fr/encyclopedie/henry-hudson/
- GILBERT (Richard), *The Last Voyage of Henry Hudson*, court métrage de reconstitution historique, Productions de l'Office national du film du Canada, 1964.
- JUET (Robert), Journal, in PURCHAS (Samuel), Hakluytus Posthumus or Purchas his Pilgrimes Contayning a History of the World in Sea Voyages and Lande Travells by Englishmen and Others, Charlestone, Nabu Press, 2014.

www.50minutes.com

Éditeur responsable : Lemaitre Publishing
Rue Lemaitre 4 | BE-5000 Namur
info@lemaitre-editions.com

ISBN ebook : 978-2-8062-5461-0
ISBN papier : 978-2-8062-5639-3
Dépôt légal : D/2014/12603/69
Photo de couverture : © *The Last Voyage of Henry Hudson*, par John Collier, 1881.

Conception numérique : Primento,
le partenaire numérique des éditeurs